Norma Samuelson
une vie, un orphelin

Résumé: Les images racontent l'histoire d'un garçon qui
est un orphelin qui rencontre des situations difficiles, se
terminant dans un orphelinat, aller à l'école, et de retour
comme un enseignant à sa chère maison de l'orphelinat.
L'histoire est basée sur la vie réelle d'un orphelin au
Mexique.

ISBN 978-1-7329192-4-2

Publié par **Esperanza Press**, 2019

Norma Samuelson

une vie, un orphelin

Avec gratitude à Gabrielle Vincent, pour l'inspiration de ce livre qui était basé sur le concept de son livre *Un jour, un chien*

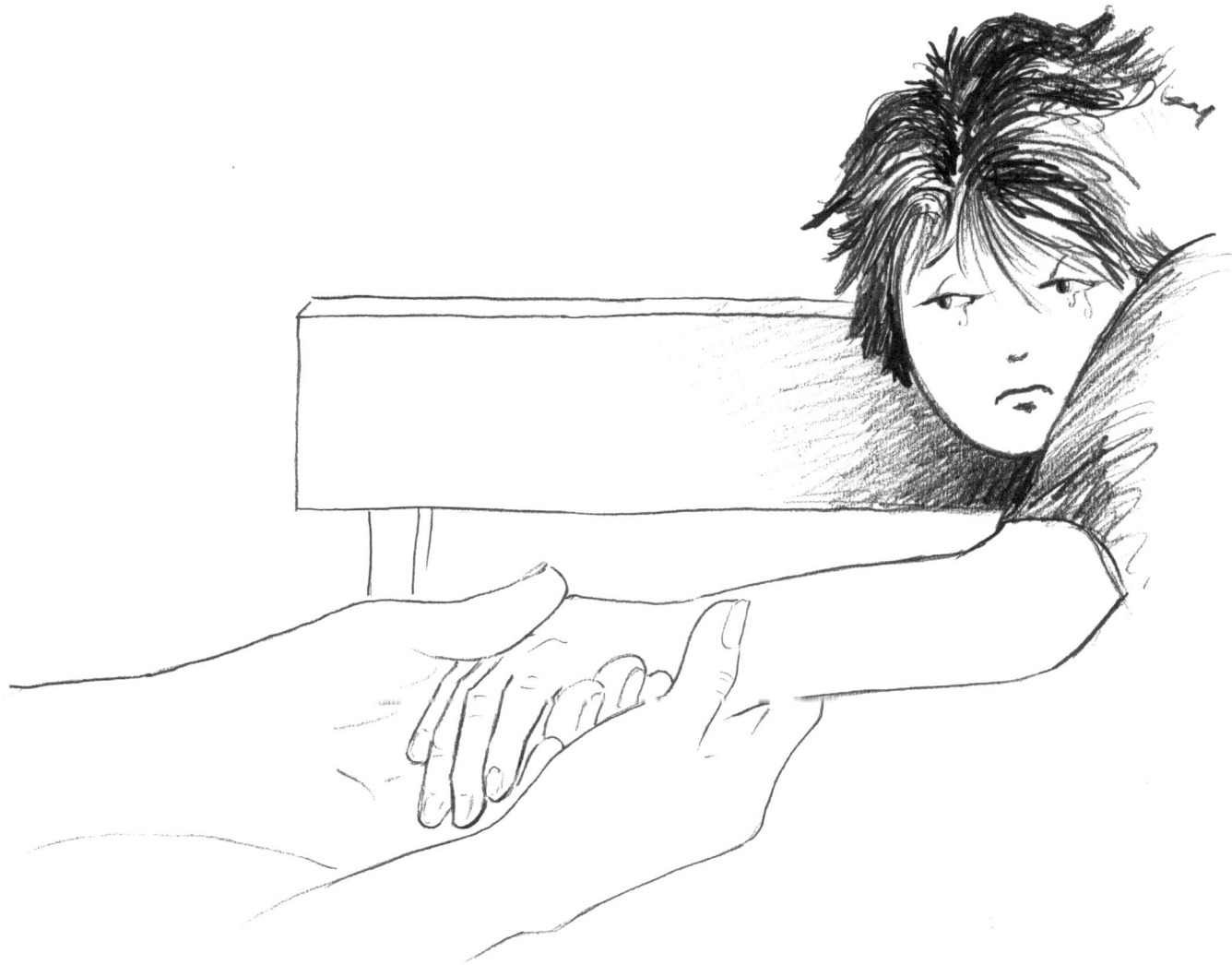

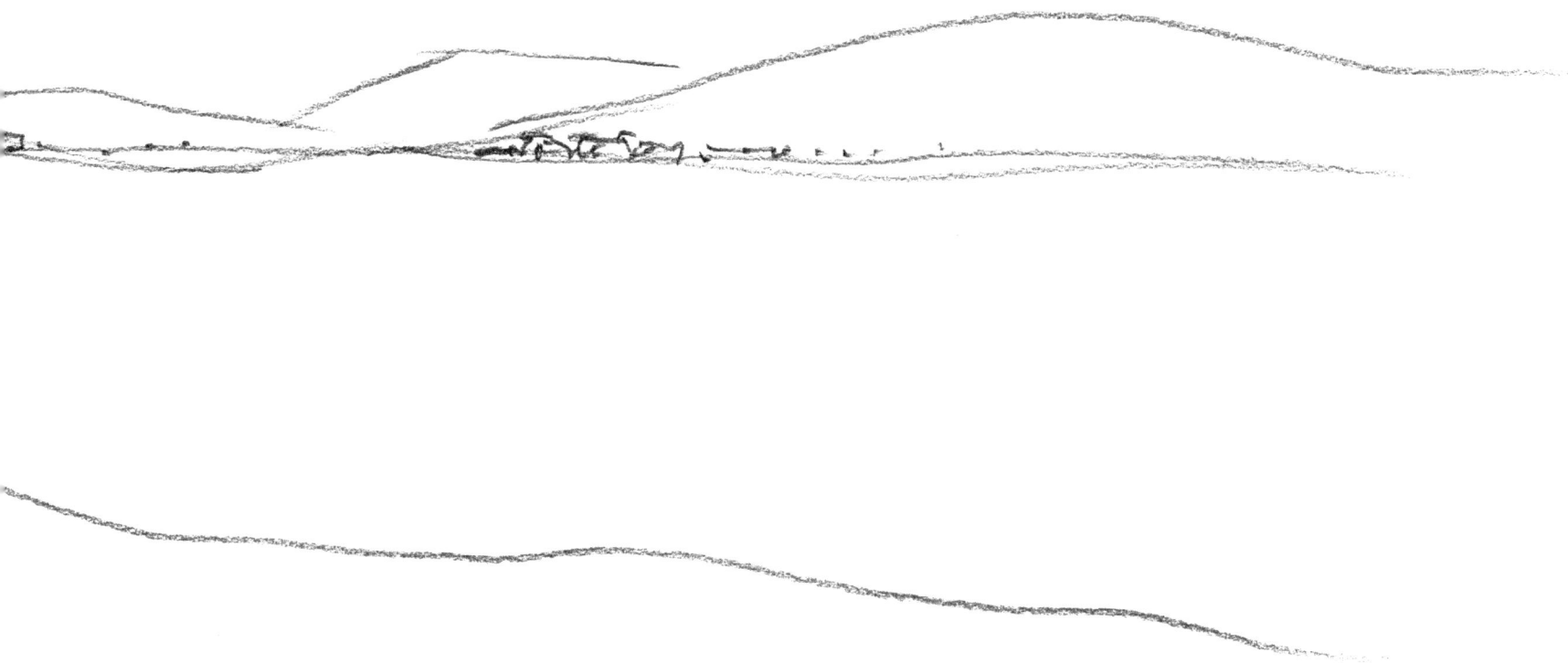

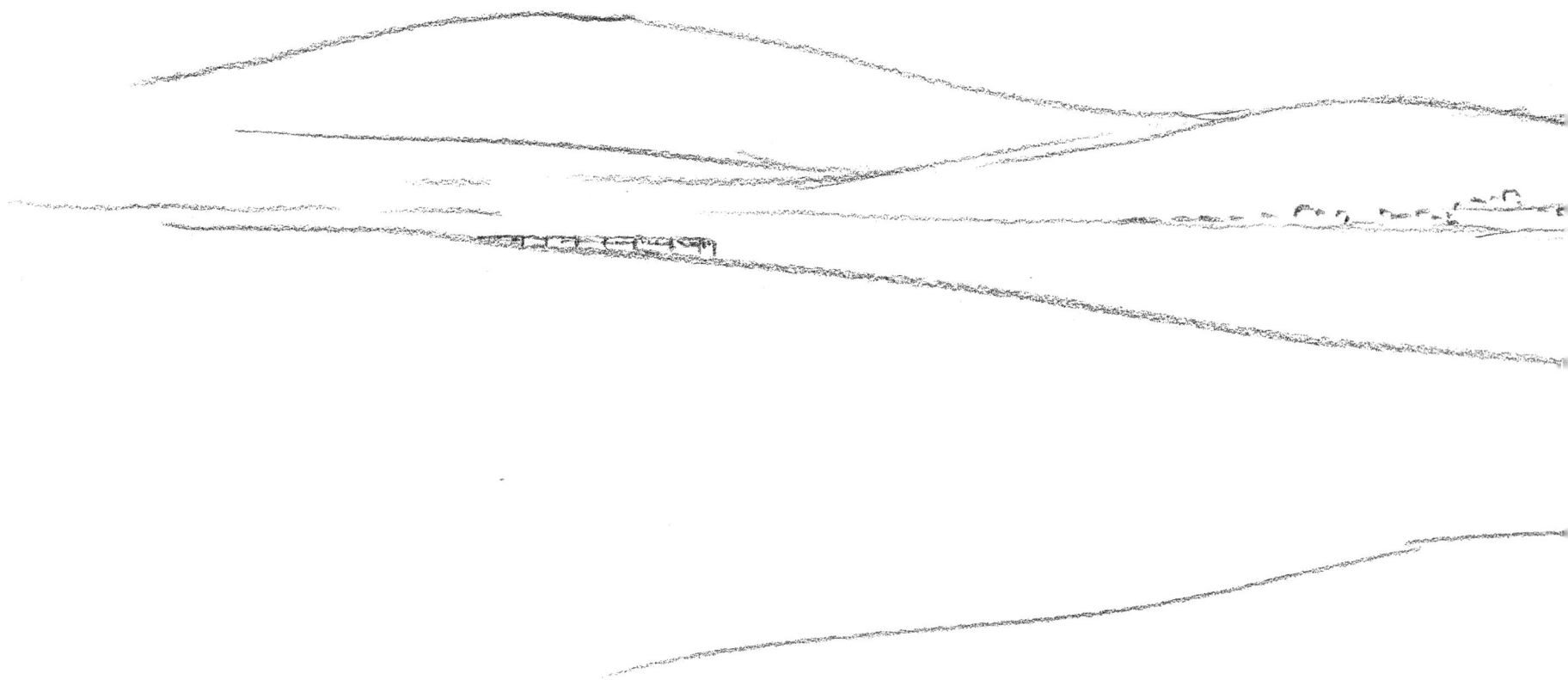

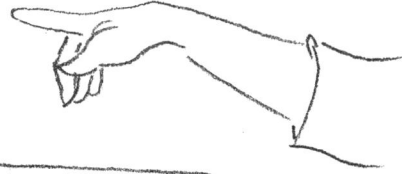

$$X = \frac{-b \pm \sqrt{b^2 - 4ac}}{2a}$$

$$= 2\sqrt{2^2 \cdot 4 * (1) + ($$

$$= \frac{2 \pm \sqrt{4 +}}{2}$$

Norma Samuelson
une vie, un orphelin

Ce livre utilise la police de caractère 'Bell MT'

ISBN 978-1-7329192-4-2

Publié par **Esperanza Press**, 2019